LA PHOBIE SCOLAIRE

Comprendre pour agir

Stephan Valentin

Enrick B Editions

Conception couverture et maquette intérieure : Marie Dortier

ISBN : 978-2-35644-106-5

www.enrickb-editions.com

SOMMAIRE

INTRODUCTION

Les familles et les établissements scolaires sont de plus en plus confrontés à des enfants et à des adolescents qui se sentent si mal en classe qu'ils n'arrivent plus à suivre les cours ou refusent d'aller à l'école pendant des jours, voire des mois. Certains spécialistes s'inquiètent de la recrudescence de ce phénomène. De nombreuses unités de pédopsychiatrie confirment d'ailleurs une importante proportion, parmi les consultations, de personnes souffrant de phobie scolaire ou de refus scolaire anxieux (RSA), autre terme utilisé pour désigner ce syndrome.

Les parents et les professeurs se sentent souvent démunis face à cette angoisse intense qui naît chez l'enfant au moment de partir pour l'école. Que faire ? Comment aider l'enfant ? Pour agir, il est indispensable de comprendre les causes complexes et les conséquences de la phobie scolaire afin de pouvoir proposer une voie de sortie concrète.

I. LA PEUR

1. *La peur, notre alliée*
2. *Peur, angoisse, anxiété, panique, phobie : les différences*
3. *Malade de peur*
4. *Apprendre à gérer ses peurs*
5. *Les peurs actuelles chez l'enfant et l'adolescent*

1. LA PEUR, *notre alliée*

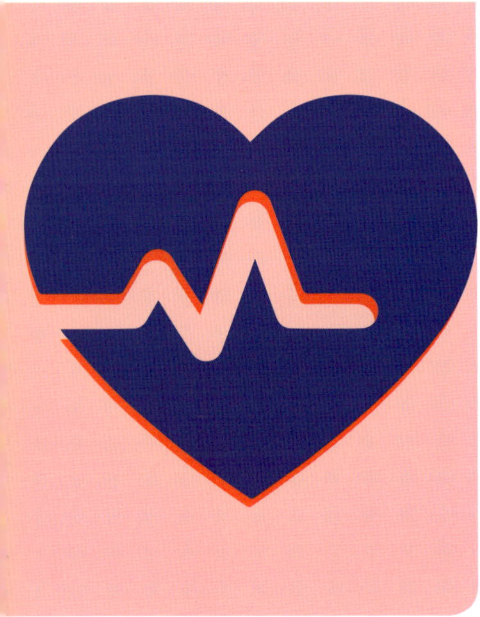

Avoir peur en présence ou à la pensée d'un danger, qu'il soit réel ou supposé, fait partie de notre quotidien et même de notre existence. La peur est une émotion innée. Nous pouvons la ressentir à tout âge. Ce qui change souvent au cours de notre vie, c'est la raison de cette peur ainsi que les mécanismes employés pour la gérer. En grandissant, nous développons des défenses pour contrer cette émotion inconfortable. Pourtant, la peur est une émotion extrêmement importante, elle nous renvoie à notre instinct de survie, elle nous permet d'évoluer.

La peur, en tant que mécanisme de défense et de protection, prend naissance au niveau du cerveau. Ce dernier place le corps en état d'alerte en envoyant un message aux glandes surrénales. Celles-ci produisent immédiatement une hormone : l'adrénaline. Libérée brusquement dans l'organisme et transportée par le sang, l'adrénaline agit directement sur le cœur. Les battements du cœur s'accélèrent alors pour apporter le plus de sang possible aux poumons, au cerveau, aux muscles et surtout au cœur, dont les contractions sont de plus en plus fortes. En même temps que le taux d'adrénaline augmente, la pression artérielle et donc la force musculaire augmentent. Ce phénomène s'accompagne d'une élévation du taux de glycémie pour permettre l'apport d'énergie nécessaire aux muscles afin de favoriser une activité musculaire imminente. Tout est mis en œuvre pour que le corps soit prêt à faire face à la menace. En parallèle, l'information concernant le danger est analysée par le cortex préfrontal où siège la raison. C'est au cours de ce processus que la situation est jugée dangereuse ou non. Le corps reste alors en alerte ou se calme s'il le peut. Suite à cette analyse, l'individu peut prendre, en cas de danger réel, une décision qui permet d'augmenter ses chances de survie : attaquer ou s'enfuir.

Depuis des milliers d'années, la peur signale à l'homme des dangers, par exemple, la menace d'un prédateur. L'homme ne ressent pas uniquement la peur en présence d'un danger réel. Il la ressent également lorsqu'il s'agit d'un danger potentiel ou lorsqu'il anticipe une menace. La peur remplit donc une fonction primordiale : elle favorise la prudence et la sensibilisation à tout ce qui pourrait menacer la survie de l'individu. Elle dirige toute notre attention sur une situation dangereuse pour nous permettre de la gérer et de la maîtriser.

© Syldavia/Istock

2. PEUR, ANGOISSE, ANXIÉTÉ, PANIQUE, PHOBIE : *les différences*

La peur

C'est une crainte ou une émotion pénible, proche de l'inquiétude ressentie par chacun à la prise de conscience d'un danger réel ou éprouvée dans la perspective d'une menace par anticipation.

L'angoisse

Si la peur naît d'une réaction que l'on peut qualifier de normale face à une menace réelle ou estimée comme telle, l'angoisse, elle, est une peur « sans objet autre que les propres pulsions de l'individu[1] ». L'angoisse survient fréquemment sous forme de crise (c'est une émotion ponctuelle) et se caractérise par une sensation interne de malaise extrême et d'insécurité. Souvent l'angoisse est accompagnée de manifestations somatiques comme des palpitations, des problèmes respiratoires, des frissons, une transpiration excessive...

L'anxiété

L'anxiété se définit comme une sensation d'inquiétude constante qui n'est pas liée à un objet. L'individu se trouve alors dans un état d'appréhension d'un danger imminent et d'origine indéterminée. Quand la personne n'arrive plus à contrôler cette inquiétude, qu'elle est excessive et dure au moins six mois, on parle de trouble anxieux. En général, l'anxiété est ressentie au niveau psychique, ce qui la différencie de l'angoisse.

La panique

En référence au dieu Pan, qui effrayait les personnes par des bruits étranges, la panique est un état d'anxiété intense et incontrôlable survenant brutalement. Elle est le plus souvent dénuée de fondement et peut affecter tant un individu qu'une foule provoquant ainsi de grands désordres.

La phobie

Une phobie consiste en une crainte intense, obsédante et irrépressible déclenchée en présence ou simplement à l'évocation d'un objet, d'un lieu, d'une situation, d'un animal... Les éléments déclencheurs ne présentent objectivement pas de caractère dangereux. D'ailleurs, la personne qui souffre de phobies juge généralement elle-même que sa peur est excessive et irrationnelle. Le jeune enfant exprime sa crainte par exemple par des cris, des pleurs ou un refus catégorique. Mais en grandissant, on peut constater, comme chez l'adulte, des symptômes sur le plan physique : une accélération du rythme cardiaque, une transpiration excessive, des vomissements, des étourdissements ou un évanouissement. Pour lutter contre la phobie, la personne adopte des comportements d'évitement pour ne pas être en présence de l'objet phobogène. Les efforts ainsi déployés peuvent causer une grave gêne dans la vie quotidienne des personnes.

---

1 www.dicopsy.com

3. MALADE *de peur*

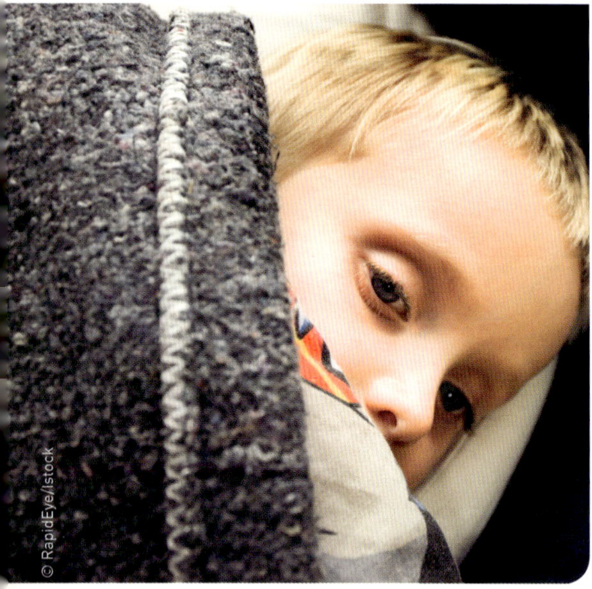

© RapidEye/Istock

Les réactions de notre corps face à une menace sont censées protéger l'homme du danger, mais elles peuvent se retourner également contre lui. Quand la peur est si intense qu'elle ne permet plus d'évaluer correctement les risques liés à une situation donnée et que le cerveau ne réagit plus de manière adaptée à des stimuli inoffensifs, elle peut devenir un réel handicap.

La peur peut entraver les actions de la personne et représenter une gêne dans sa vie de tous les jours. On parle alors d'un trouble anxieux. Parmi les syndromes les plus répandus, on distingue l'attaque de panique, le trouble panique, le trouble obsessionnel compulsif, le trouble anxieux généralisé, les troubles phobiques et l'état de stress post-traumatique.

En général, les états anxieux sont marqués par un ou plusieurs symptômes psychiques et/ou physiques (voir schéma ci-contre).

Dans les états anxieux, la vie du patient tourne autour du fait d'éviter les symptômes liés à l'anxiété. Par exemple, chez un enfant qui se plaint la veille d'un examen scolaire de maux de ventre ou qui n'arrive plus à dormir, les symptômes peuvent être le signe d'une surcharge émotionnelle. Si l'angoisse est à l'origine de son état, ses maux de ventre sont néanmoins réels. Il est alors important de comprendre l'origine de sa peur et de ce qui le préoccupe, par exemple, en parlant avec lui.

4. APPRENDRE à gérer ses peurs

Tous les enfants vont ressentir la peur ou l'anxiété à un moment ou un stade de leur vie. D'un point de vue émotionnel, l'enfant vit la peur comme l'adulte, et à partir de l'âge de dix ans, ils partageront d'ailleurs les mêmes frayeurs. Cela dit, la perception du risque et du danger est différente chez l'enfant, surtout quand il s'agit d'un jeune enfant. Le bruit soudain d'un mixeur ou de l'aspirateur ou un mouvement brusque peut l'effrayer. Pourtant, dans le même temps, il n'hésite pas à jouer avec un couteau de cuisine. C'est avec l'adulte, en particulier avec ses parents, que l'enfant va apprendre à évaluer le danger réel. C'est également avec l'aide de ses parents qu'il va parvenir à mieux gérer ses peurs, en observant leur manière de réagir dans des situations qui comportent un danger potentiel. Il prend sa mère et son père comme modèles. Et bien sûr, c'est en faisant ses propres expériences que l'enfant va évoluer, prendre confiance en lui et se fier aux autres pour surmonter ses peurs.

Quand un enfant a peur, ses parents ne doivent pas hésiter à lui signaler que c'est tout à fait normal. Cela va rassurer l'enfant. Puis, il s'agit de comprendre ce qui lui fait peur. Favoriser l'expression verbale de ses émotions permettra à l'enfant de les expliquer et de les nommer. En parlant avec lui, les parents montrent à leur enfant que les mots peuvent aider à maîtriser les peurs et les émotions en général. Une fois l'origine de sa peur trouvée, ses parents peuvent lui proposer des solutions pour vaincre ses peurs. Leur rôle dans le contrôle des peurs de leur enfant n'est donc pas à sous-estimer. Leur attitude et leurs actions vont agir préventivement pour que les peurs ne deviennent pas trop intenses. Ainsi, cela évite non seulement qu'elles entraînent des troubles physiques (par exemple, des problèmes d'alimentation ou de sommeil), mais aussi des difficultés au niveau relationnel avec la famille ou l'entourage. L'idéal est que les parents et l'enfant affrontent les peurs en équipe, soudés, pour les apprivoiser ensemble dans un premier temps, puis que les parents communiquent les outils à l'enfant afin qu'il y arrive tout seul.

Tout au long de l'enfance et même après, il est important de prendre les angoisses de l'enfant au sérieux. Se moquer de lui, le ridiculiser, l'ignorer, rire ou plaisanter de ses peurs ne va pas l'aider à mieux gérer cette émotion. Au contraire, cela peut la renforcer. Pour l'enfant, ces peurs sont bien réelles. Pour se

sentir en sécurité, il a donc besoin de se sentir compris. C'est sur cette base qu'il développera sa capacité à faire face à ses propres peurs. Cette prise en compte est d'autant plus importante chez le jeune enfant qu'il a une difficulté à comprendre ses peurs.

5. LES PEURS ACTUELLES *chez l'enfant et l'adolescent*

La nature des peurs de l'enfant dépend non seulement de son âge, mais aussi de sa maturité. Ainsi, la peur de l'étranger se manifeste vers 8-12 mois. Vers un an, ce sont les bruits (téléphone, moteur, mixeur...) qui l'angoissent. À partir de 18 mois, la peur du noir apparaît et, entre deux et quatre mois plus tard, les peurs passagères fondées sur des créatures imaginaires, comme les monstres ou les sorcières, vont perturber le sommeil de l'enfant et celui de ses parents... Entre l'âge de 5 et 12 ans, l'enfant ressent des peurs spécifiques comme la peur des médecins, des voleurs ou des catastrophes naturelles. Les peurs sociales apparaissent à partir de l'âge de 12 ou 13 ans. Le jeune craint d'être différent des autres, d'être ridicule, d'être rejeté et humilié ou s'inquiète à propos de son physique, de son avenir ou de ses relations avec ses pairs.

L'émergence successive des peurs renvoie à des processus développementaux. Avoir peur fait partie du développement normal de l'enfant. Aux peurs citées s'ajoutent les peurs ancestrales comme la peur du loup. Actuellement, de nouvelles peurs apparaissent dans la vie des enfants, en lien avec les changements de la société et de l'environnement. Aussi, les enfants d'aujourd'hui n'ont pas les mêmes peurs que les enfants d'il y a 20 ou

30 ans. D'ailleurs, il y a quelques décennies encore, il aurait été difficile, voire impossible, d'imaginer de quoi les enfants pourraient avoir peur dans le futur.
Selon une étude allemande[2], 30 % des enfants allemands âgés de 9 à 14 ans ont peur de recevoir des mauvaises notes à l'école. On obtiendrait probablement le même pourcentage dans d'autres pays européens dans lesquels la pression scolaire devient de plus en plus forte. Plus de la moitié des 6 000 enfants allemands interrogés ont également avoué avoir été insultés, harcelés ou avoir fait l'objet de moqueries à l'école. Un enfant sur cinq a l'impression d'avoir reçu des insultes de la part d'un professeur. D'autres peurs, chez les enfants, sont tout aussi importantes, comme la peur de rencontrer un pédophile ou d'être enlevé. La guerre, les attentats, la pollution ou encore le divorce des parents font également partie des peurs les plus fréquentes dans beaucoup de pays européens. Un nouveau type de peur apparaît : la FOMO, de l'anglais « fear of missing out », c'est-à-dire la peur de rater quelque chose. C'est l'une

© Edsel Querini/Istock

des conséquences d'une trop forte utilisation des appareils multimédias et des réseaux sociaux sur Internet. Les parents ont souvent bien des difficultés à apaiser ces nouvelles peurs et à apporter des réponses car ils ne peuvent pas s'appuyer sur leur propre vécu d'enfant.

2 http://www.spiegel.de/schulspiegel/leben/neue-jugendstudie-jedes-dritte-kind-hat-angst-vor-schulversagen-a-508085.html

II. AUTOUR DE LA PHOBIE SCOLAIRE

1. *Historique de la phobie scolaire*
2. *Définir la phobie scolaire*
3. *La phobie scolaire, une vraie phobie de l'école ?*
4. *Épidémiologie*
5. *Comment reconnaître la phobie scolaire*
6. *Le diagnostic différentiel*
7. *Les facteurs de la phobie scolaire*
8. *Les conséquences de la phobie scolaire*
9. *Les thérapies*
10. *Le cas de Thomas, 11 ans*
11. *Évolution de la phobie scolaire*

1. HISTORIQUE *de la phobie scolaire*

Avec l'obligation de scolarité dans les pays industriels (en France en 1882, en Belgique en 1914, en Suisse en 1874, et au Canada en 1891 pour l'Ontario, et en 1943 pour le Québec) pour tous les enfants jusqu'à l'âge de quatorze ans apparaissaient les premiers cas d'enfants qui « sèchaient » l'école. En 1887, Alfred Binet décrivait le cas d'un enfant qui ne parlait plus une fois arrivé à l'école et qui s'empressait de rentrer chez lui après les cours. Si en 1898, certains chercheurs anglais comme L.W. Kline considéraient l'absentéisme scolaire comme le résultat d'un désir opprimé de pouvoir errer ou jouer dans la nature (un peu comme la migration animale innée), cette interprétation a rapidement été mise de côté au début du 20e siècle. L'anglais W. Healy (1918), lui, liait le refus scolaire à une négligence parentale. Il pointait en particulier un manque de contrôle de la part des parents, des problèmes au niveau de la structure familiale et une disposition pour des comportements de délinquance futurs. Peu avant Healy, Carl Gustav Jung, médecin psychiatre suisse et pionnier de la psychologie des profondeurs, confère en 1913 à ce phénomène une nouvelle dimension en parlant dans ses écrits d'une forme de « refus névrotique » de ne pas aller à l'école.

Le concept de « phobie scolaire » est formulé pour la première fois en 1925 par le psychologue britannique Cyril Burt. Il avait observé un comportement phobique chez des élèves qui avaient trouvé refuge dans les écoles lors des attaques aériennes pendant la Première Guerre mondiale. Les élèves associaient, dès lors, l'école avec une situation qui mettait leur vie en péril. L'anxiété qui en résultait empêchait ces enfants d'être scolarisés. Quelques années plus tard, I.T. Broadwin (1932) met en évidence une forme particulière de l'école buissonnière qui sous-entendrait un type d'angoisse chez l'élève : le fait de ne pas vouloir quitter la mère par peur qu'il ne lui arrive quelque chose de mal en son absence. En 1941, Adelaide M. Johnson et E.I. Falstein, S.A. Szurek reprennent cette idée de peur et proposent pour la première fois le terme de « phobie scolaire », soulignant ainsi le rôle central de l'anxiété dans cette problématique. Les chercheurs ont constaté au cours de leur étude des réactions d'anxiété intense chez un groupe d'enfants

et d'adolescents qui refusaient la scolarité quand on voulait les obliger à aller à l'école. Parmi ces élèves, un certain nombre ne pouvait pas y aller alors même qu'ils aimaient l'école. C'est dans ce contexte que le terme de phobie scolaire fut alors employé, différenciant définitivement ces enfants des « écoliers des buissons ».

2. DÉFINIR *la phobie scolaire*

Beaucoup de personnes se souviennent sûrement de leur propre scolarité et probablement aussi d'une certaine angoisse la veille des contrôles, mais surtout de la peur de ramener de mauvaises notes à la maison. Parfois, dans une certaine mesure, ce type de peur peut motiver l'élève. Et même si cette peur n'a pas toujours des effets positifs sur les performances de l'élève à l'école, ce dernier arrive à vivre avec elle sans conséquence négative sur sa scolarité et sa vie au quotidien. C'est lorsque l'enfant ou l'adolescent ressent une angoisse si intense en allant à l'école qu'il y répond par des symptômes psychiques ou somatiques, que l'on parle de phobie scolaire. Souvent il en résulte un absentéisme scolaire important avec des conséquences qui peuvent être graves à la fois sur le plan scolaire, social et professionnel.

Même si la phobie scolaire est diagnostiquée depuis des décennies, il n'y a pas de définition consensuelle. Néanmoins, deux définitions font référence pour définir ce syndrome (voir encadrés ci-dessous et ci-contre).

Puisque la phobie scolaire ne se définit pas comme une entité clinique précise, mais comme un symptôme ou un regroupement

DR

Selon le neuropsychiatre J. Ajuriaguerra (1974),

« il s'agit d'enfants ou d'adolescents qui, pour des raisons irrationnelles, refusent d'aller à l'école et résistent avec des réactions très vives d'anxiété ou de panique, quand on essaie de les y forcer[3] *».*

I. Berg (1969) définit la phobie scolaire à partir des éléments suivants :

« *très grande difficulté à être assidu à l'école ; sévère bouleversement affectif ; absence de troubles antisociaux ; parents au courant*[4] ».

de symptômes, il n'est pas étonnant qu'aucune catégorie ne corresponde directement à la phobie scolaire dans le DSM-V, un manuel diagnostique et statistique des troubles mentaux développé par l'Association américaine de psychiatrie. La phobie scolaire y apparaît en tant que symptôme possible de l'angoisse de séparation. La CIM 10 (Classification statistique internationale) classe la phobie scolaire dans « les troubles anxieux phobiques ». En fait, seule la classification française de pédopsychiatrie (CFTMEA) permet de porter le diagnostic de ce trouble et le considère comme une catégorie diagnostique à part entière[5].

Les différents types de phobie scolaire :

- **la phobie scolaire précoce** entre 5 et 7 ans, surtout corrélée à l'angoisse de séparation ;

- **la phobie scolaire plus tardive** chez des enfants âgés de plus de 10 ans, qui comporte des mécanismes psychopathologiques plus complexes.

Il existe également des phobies scolaires aiguës ou chroniques, induites (par un traumatisme insidieux résultant d'une relation pathologique parent-enfant), traumatiques, simples ou graves, névrotiques ou non[6].

3 Denis, H. (2005), *Le refus scolaire anxieux*, Enfances & Psy, n°28, Éres., http://www.cairn.info/zen.php?ID_ARTICLE=EP_028_0098

4 http://www.crdp-montpellier.fr/ressources/memoires/memoires/2004/b/0/04b0023/04b0023.pdf

5 Denis, H. (2005), *Le refus scolaire anxieux*, Enfances & Psy, n°28, Éres. http://www.cairn.info/zen.php?ID_ARTICLE=EP_028_0098

6 DUGAS, M., GUERIOT, C. : *Les phobies scolaires, Étude clinique et psychopathologique*. Psychiatrie de l'enfant, 1977 ; 20 : 307-382.

3. LA PHOBIE SCOLAIRE, *une vraie phobie de l'école ?*

© Izabela Habur/Istock

De plus en plus de spécialistes critiquent le terme de phobie scolaire car selon eux, il ne s'agirait pas vraiment d'une phobie. Premièrement, des recherches ont démontré que l'enfant ou l'adolescent n'aurait pas peur d'un objet spécifique (l'école). Il s'agirait avant tout d'une appréhension des situations sociales ou d'évaluation en lien avec l'école. Le lieu « école » ne représente donc pas forcément l'objet phobogène et la cause de l'anxiété n'est pas toujours en lien avec la scolarité comme en cas de harcèlement. Deuxièmement, il peut y avoir des symptômes somatiques, comme les nausées ou l'étouffement, en allant à l'école. L'inconfort est réel, comme dans le cas de l'agoraphobie, mais les mécanismes employés par le sujet sont beaucoup plus complexes que ceux d'une phobie simple. De plus, ces mécanismes peuvent varier d'un enfant à l'autre. Depuis la fin des années soixante, on utilise donc également le terme de « refus scolaire anxieux » pour désigner la phobie scolaire ; même si ce terme apparaît davantage dans la littérature anglo-saxonne que dans la littérature française.

4. ÉPIDÉMIOLOGIE

Les chiffres épidémiologiques de la phobie scolaire varient selon les études et la définition du trouble. Ainsi, on peut trouver dans la littérature spécialisée des chiffres allant de 1 % à 9 % des enfants scolarisés qui souffriraient de la phobie scolaire. La plupart des auteurs estiment que 5 % des élèves présentent ce trouble. Ce chiffre peut être plus élevé dans certaines grandes villes. De plus, on a pu constater que la phobie scolaire semblait progresser dans les pays industrialisés depuis ces dernières années. Cette augmentation est entre autres observée dans les consultations des unités de pédopsychiatrie[7]. La phobie scolaire toucherait autant les filles que les garçons, même si certaines études[8] estiment que ce trouble est moins fréquent chez les filles, car elles sauraient mieux avouer leurs angoisses et arriveraient mieux à les gérer. La phobie scolaire survient sans différence socio-économique. Souvent, il s'agirait d'un enfant unique, d'un enfant aîné ou du dernier de la fratrie[9].

Bien que le phénomène de la phobie scolaire touche tous les âges, on observe trois pics de fréquence[10] :

5 à 7 ans
(entrée au primaire)

11 ans
(passage au collège - entrée en 6e)

14 ans
(passage au lycée - entrée en 3e)

Au Canada, on observe un quatrième pic à l'entrée du collège d'enseignement général et professionnel à 15-17 ans[11].

---

7 Mouren-Simeoni, M.C., Vila, G., Vera, L. : *Troubles anxieux de l'enfant et de l'adolescent.* Paris, 1993
8 Schertler, K. : *Schulangst – Ursache, Folgen und Bewältigung.* Erziehung und Unterricht, 2004, S. 788–796.
9 DUGAS, M., GUERIOT, C. : *Les phobies scolaires : étude clinique et psychopathologique.* La psychiatrie de l'enfant, 1977, 20 : p. 307-382.
10 Hersov, L., Berg, I. : *Out of school.* New-York, Wiley and Sons, 231-249, 1980.
11 Gaspard, J.-L., Brandibas, G., & Fourasté, R. : *Refus de l'école : les stratégies thérapeutiques en médecine générale.* Neuropsychiatrie de l'enfance et l'adolescence, 2007, 55, 367-373

5. COMMENT RECONNAÎTRE *la phobie scolaire*

Le mode d'installation

Le mode d'installation de la phobie scolaire chez le jeune enfant se caractérise le plus souvent par un début brutal et des manifestations somatiques diverses (vomissements, diarrhées, céphalées, douleurs abdominales...).

Fréquemment, ces symptômes s'installent en début d'année, lors d'un retour de vacances ou après un événement marquant pour l'enfant et qui n'est pas nécessairement en lien avec l'école ou la situation scolaire. Pour les parents, il est difficile d'interpréter ces symptômes somatiques typiques de la phobie scolaire, car l'enfant ne signale pas forcément qu'il a peur — peur d'aller à l'école. Et d'ailleurs, souvent, il ne comprend pas lui-même la cause de son angoisse. Il est d'autant plus difficile de reconnaître l'angoisse sous-jacente quand elle se manifeste sous la forme d'une aggravation subite d'une maladie organique préexistante, comme l'asthme. Les symptômes somatiques sont en quelque sorte comme un déguisement de la phobie scolaire. La maladie est donc au premier plan et l'enfant et ses parents consultent parfois plusieurs médecins pour trouver la cause d'origine organique.

Quand les symptômes ne sont pas assez graves aux yeux des parents, il se peut qu'ils qualifient leur enfant de paresseux ou de simulateur parce qu'il refuse de retourner à l'école sans « raison apparente ». Ils se sentent confirmés dans leur attitude, car fréquemment l'enfant semble être en bonne santé dès qu'il n'est plus confronté à la situation scolaire, notamment pendant le week-end ou les vacances.

Chez l'adolescent, le début de la phobie scolaire est en général plus progressif et insidieux. Par exemple, l'adolescent n'assiste plus aux cours dans certaines matières, comme le sport ou le français, ou ne participe pas à un contrôle. Les matins, avant le départ pour l'école, deviennent souvent plus conflictuels avec les parents, car l'adolescent ne veut plus se lever, il traîne au lit ou il commence à se plaindre de douleurs. Les retards à l'école deviennent une habitude. Ce ne sont donc pas tout de suite des journées entières que l'adolescent manque à l'école, mais des heures et cela plutôt de manière sporadique. Les jours où il se rend à l'école, des symptômes somatiques peuvent apparaître et il va alors fréquemment à l'infirmerie de l'établissement scolaire. Puis, les absences se multiplient, se prolongent, jusqu'au moment où l'adolescent interrompt sa scolarité, se voyant dans l'incapacité de retourner à l'école.

Parallèlement à son nouveau comportement face à sa scolarité, la vie sociale de l'adolescent subit des changements. Au lieu de vivre son

Craig Dingle /Istock

adolescence en dehors du foyer familial avec le groupe des pairs, on note une dépendance aux parents, et un retrait vis-à-vis de ses amis et de leurs activités. En perdant son autonomie extra-familiale, il augmente son emprise sur la famille.

Certains adolescents auparavant calmes et passifs deviennent soudainement de vrais tyrans. Leur attention se dirige en grande partie vers la mère. Parfois, cette dernière peut devenir l'objet de l'agressivité de son enfant, allant jusqu'à des actes de violence. L'adolescent peut projeter tout son mal-être sur elle.

D'autres adolescents ne changent pas de personnalité. Ils gardent même une vie sociale en voyant leurs amis et en continuant à

participer à des activités extrascolaires.
Néanmoins, la phobie scolaire peut être accompagnée d'autres manifestations phobiques. Si l'adolescent ou l'enfant paraît à première vue socialement bien adapté, ne montre pas de sautes d'humeurs notables, on risque de passer à côté des signes d'une dépression. Il est donc très important d'observer son comportement.

Le tableau clinique

En général, les symptômes se manifestent au moment du départ pour l'école ou par anticipation ; le plus souvent le matin et particulièrement en début de semaine, mais également sur le chemin de l'école et en classe. Pendant cette situation de stress intense, les manifestations somatiques comme les vomissements, les douleurs abdominales ou encore les céphalées reflètent l'anxiété ressentie par l'enfant ou l'adolescent.Les symptômes psychologiques ou sociaux, comme l'anxiété de séparation, l'éloignement progressif des pairs, l'emprise sur la famille ou encore des manifestations phobiques du type agoraphobie ou des phobies sociales, fluctuent d'une personne à l'autre et ne sont pas présents simultanément. La présence de certains de ces symptômes sert de signal à l'entourage de l'enfant ou de l'adolescent. Pour comprendre s'il s'agit effectivement d'une phobie scolaire ou d'un autre trouble, une consultation chez le spécialiste est conseillée.
Quand les premiers symptômes apparaissent et que le refus scolaire commence à s'installer, les parents sont souvent dans l'incompréhension. Après avoir consulté plusieurs spécialistes qui ne trouvent pas une origine organique aux manifestations somatiques, les parents peuvent avoir tendance à penser que leur enfant simule. Les tentatives des parents pour raisonner leur enfant et l'inciter à retourner en cours sont souvent vaines. Les punitions ne portent pas leurs fruits. Parfois, les parents réussissent à ce que l'enfant retourne à l'école, mais ce n'est que rarement couronné de succès sur le long terme, car les facteurs à l'origine de son refus sont toujours présents. À la première manifestation de ces facteurs, l'angoisse resurgit. Si les parents obligent leur enfant à retourner en classe, des manifestations bruyantes comme des crises de larmes ou des

cris peuvent apparaître avec parfois des réactions violentes de la part de l'enfant. La situation est difficile à gérer pour les parents. Toute la famille souffre. L'anxiété peut devenir si intense que l'enfant est incapable d'en parler ou d'expliquer son comportement (refus scolaire). Il met en avant un malaise, rejette la faute sur les élèves ou sur le professeur qui ne l'aiment pas, ou trouvera une autre explication dans le but de rationaliser son refus scolaire. « Quand ils arrivent à l'infirmerie, les enfants ont déjà somatisé et la plupart d'entre eux n'arrivent pas à dire qu'ils ont peur de l'école », témoigne Brigitte Accart, infirmière scolaire dans le Val-d'Oise et secrétaire générale du syndicat d'infirmières scolaires SNIES-UNSA. « Un simple "J'ai mal à la tête" ou "J'ai mal au ventre" peut cacher plein de choses, il ne faut pas s'arrêter là. Si l'enfant revient plusieurs fois, il faut commencer à creuser avec l'enseignant et la famille pour mettre bout à bout toutes les informations, car les enfants ne laissent pas apparaître les mêmes choses devant les parents, le prof, le CPE, l'infirmière[12]... »

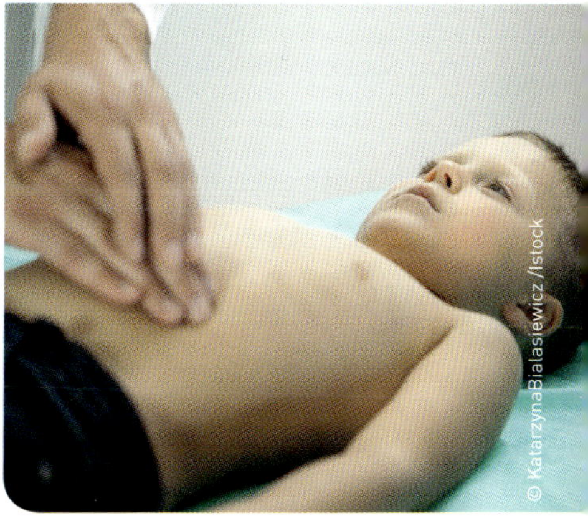

© KatarzynaBialasiewicz /Istock

Chez certains enfants ou adolescents, l'envie d'aller à l'école est toujours existante. D'ailleurs, on note, malgré l'absentéisme scolaire répété, un investissement de la scolarité, une soif d'apprendre, et les parents sont en général au courant des absences scolaires. Cela différencie d'ailleurs les enfants souffrant de phobie scolaire des élèves qui sèchent les cours.

Quand un enfant souffrant de phobie scolaire discute avec ses parents, il se montre alors de bonne volonté et promet d'aller en cours

12 En savoir plus sur http://www.lemonde.fr/ecole-primaire-et-secondaire/article/2014/09/15/phobies-scolaires-comment-s-y-attaquer_4487726_1473688.html#Czmvgp5HtdgpT5GI.99

Il devient de plus en plus facile pour les jeunes de se procurer de l'alcool et des drogues, dont le cannabis et des médicaments utilisés normalement dans le traitement de la dépression ou encore en cas de troubles du sommeil. Ces substances permettent de traiter les symptômes, mais pas les causes. Ainsi, l'adolescent apprend très tôt qu'il existe de telles solutions « confortables » pour sa souffrance. Il faut alors être vigilant car la souffrance peut être un terrain propice au développement de conduites addictives...

le lendemain. Mais quand arrive le matin, la réalité est tout autre et la promesse s'avère difficile à tenir. Parfois l'enfant parvient à se rendre jusque devant l'établissement scolaire pour se trouver finalement dans l'incapacité d'y entrer. Il ne s'agit donc pas forcément d'un refus d'y aller, mais d'une réelle incapacité.

Pour éviter les conflits avec l'enfant ou pour le protéger de la souffrance par exemple, certains parents deviennent complices de l'évitement de leur enfant et l'autorisent à rester absent de l'école.

Les signes précurseurs

Selon plusieurs études[13], il y aurait dans la majorité des cas de phobie scolaire des signes précurseurs, visibles à certains moments de l'enfance ou du cursus scolaire.

Il est toutefois important de prendre les signes précurseurs décrits dans l'encadré ci-contre avec précaution, car ce n'est pas parce qu'un enfant présente ou a présenté un ou plusieurs de ces signes précurseurs qu'il risque automatiquement de développer une phobie scolaire au cours de sa scolarité. La phobie scolaire est un trouble trop complexe pour s'adonner à une potentialité du décrochage, par exemple dès la maternelle. Néanmoins, la liste des signes peut permettre d'être plus vigilant en tant que parent, enseignant et spécialiste de l'enfance.

13 Gal, J.M. : Déchirures: 62 phobies scolaires. *Contribution clinique et psychopathologique à l'étude des phobies scolaires de l'enfant et de l'adolescent* [Thèse]. Poitiers ; 1993

Les manifestations cliniques de la phobie scolaire

Signes précurseurs possibles (difficultés antérieures)

- angoisse de séparation lors de la rentrée en maternelle ou en cours primaire
- séparations dramatiques dans l'enfance (maladie, accident)
- nombreuses absences pendant la scolarité (motifs vagues faisant référence à des problèmes de santé plutôt bénins)
- passages fréquents à l'infirmerie
- malaises (peur de s'évanouir)
- mauvais sommeil dans la nuit du dimanche au lundi
- surinvestissement de la scolarité (trop travailleur, excès de perfectionnisme)
- problèmes d'alimentation (anorexie, boulimie) et de sommeil (cauchemars, refus de se coucher, difficulté pour s'endormir)

Symptômes somatiques (par ordre décroissant de fréquence)

- malaises
- étourdissements
- céphalées
- douleurs abdominales ou dorsales
- vomissements
- sueurs
- palpitations
- perte d'appétit
- comportements nerveux
- troubles du sommeil
- douleurs thoraciques
- troubles gastro-intestinaux (diarrhées…)
- énurésie (faire pipi au lit)
- troubles de la marche
- extinction de voix
- vision floue, dyspnée
- douleurs articulaires

Symptômes psychologiques

- agitation
- panique
- crise d'angoisse
- cris
- pleurs
- violence (coups)
- fuite
- détresse émotionnelle intense
- symptômes dépressifs (repli sur soi, idées de mort…)
- phobies
- troubles du comportement dans le cadre familial
- pensées suicidaires

6. LE DIAGNOSTIC *différentiel*

En fonction des différents symptômes, il est important de faire un diagnostic différentiel qui combine les symptômes et des examens complémentaires. L'analyse de ces différents éléments permettra de déterminer la pathologie et de proposer un traitement approprié. L'absentéisme scolaire de l'enfant peut s'expliquer entre autres par un épisode dépressif, une maladie organique, l'obligation d'aider les parents au travail, une angoisse de séparation, une psychose schizophrénique, un trouble panique, une agoraphobie, l'école buissonnière, une inhibition scolaire, une phobie sociale, la phobie scolaire ou la peur de l'école. Et bien sûr, la symptomatologie diffère entre ces possibilités.

On remarque, par exemple, dans le cas du désintérêt scolaire, que l'élève ne souffre pas d'une angoisse d'aller à l'école. Contrairement à ce qu'on observe en cas de phobie scolaire, un tel élève n'aime rien qui se rapporte à l'école, il peut même en être dégoûté. Quand la rupture scolaire survient, elle est provoquée par l'école, par les parents ou par l'élève lui-même.

En revanche, quand l'enfant a peur du professeur, des élèves, de l'humiliation en classe, du racket à l'école, des contrôles, on parlera plutôt d'une peur de l'école. Ne pas aller à l'école est une façon d'éviter les émotions d'humiliation ou la crainte de subir la violence. On doit donc, dans ce cas, chercher la cause de la peur de l'école à l'école ou sur le chemin de l'école.

© Martin Dimitrov/Istock

Dans la phobie scolaire, l'enfant n'a pas forcément peur de la situation scolaire, mais il l'évite et elle devient l'objet de sa phobie. Les causes de cette dernière sont souvent liées au fonctionnement du système familial et peuvent être renforcées par des problèmes à l'école comme la peur de l'échec ou la discrimination par d'autres élèves.

Aussi, il est nécessaire de clarifier l'absentéisme scolaire de l'enfant ou de l'adolescent en posant les questions suivantes[14] :

• L'enfant souffre-t-il d'une maladie qui rend sa présence en classe impossible ?

• Les parents sont-ils au courant que l'enfant manque l'école ?

• Existe-t-il des angoisses : par exemple des contrôles, des autres élèves, du professeur ? Ou l'enfant n'arrive-t-il plus à gérer le stress à l'école ?

• L'enfant a-t-il des difficultés à quitter la maison le matin ? Existe-t-il des signes d'une angoisse de séparation ou d'une stratégie d'évitement en dehors de la situation scolaire ?

• Constate-t-on un manque au niveau de la confiance en soi et des angoisses sociales ?

14 Lehmkuhl, G., Poustka, F., Holtmann, M. : *Lehrbuch der Kinder- und Jugendpsychiatrie*, Göttingen, 2012, p.741

II. AUTOUR DE LA PHOBIE SCOLAIRE

La symptomatique de la phobie scolaire est très complexe. Puisque les symptômes somatiques sont souvent présents et qu'ils masquent la phobie scolaire, il est important d'exclure dans un premier temps une cause organique, un syndrome dépressif, un trouble anxieux ou encore un trouble du comportement, puisque ces éléments peuvent également provoquer un refus scolaire. Pour l'évaluation, on doit inclure non seulement les réponses de l'enfant/l'adolescent et de ses parents, mais aussi celles de ses professeurs, de l'infirmière/infirmier de l'école et du/de la psychologue scolaire.

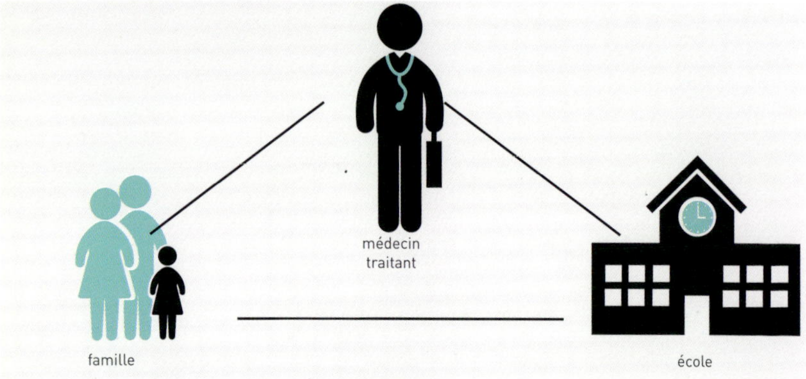

Diagnostic différentiel du refus d'aller à l'école

Comment comprendre s'il s'agit d'une phobie scolaire, d'une peur de l'école ou de l'école buissonnière ?

	PHOBIE SCOLAIRE	PEUR DE L'ÉCOLE	ÉCOLE BUISSONNIÈRE
Peur dans la situation scolaire	forte	oui, mais d'intensité changeante	non
Somatisation	forte	changeante	non
Personnalité	angoissée, sensitive, dépressive	angoissée, sensitive	agressive, asociale
Intelligence	moyenne à grande	moyenne, hétérogène	de haut potentiel à basse
Problèmes au niveau de l'apprentissage	non	existent fréquemment	existent fréquemment
Comportement parental	protecteur	non spécifique	non spécifique
Présence scolaire	interrompue (chronique) avec connaissance des parents	interrompue (sporadique) avec connaissance des parents	interrompue (chronique ou spo-radique) sans connaissance des parents

7. LES FACTEURS de la phobie scolaire

L'enfant ou l'adolescent susceptible de développer une phobie scolaire est souvent décrit comme craintif, avec un grand besoin de se sentir en sécurité. Il présenterait une intolérance aux changements qui peuvent être vécus comme menaçants. Pour certains, il est possible d'observer depuis le plus jeune âge des difficultés à supporter les séparations avec sa figure d'attachement (le parent ou son substitut) et une forte dépendance à l'entourage. Ce lien très fort est entretenu par des difficultés à nouer des relations en dehors du contexte familial. L'enfant concerné est bon à l'école et aime apprendre. En même temps, il met souvent en doute ses potentialités et ne supporte pas les critiques. À cette structure de la personnalité de l'enfant ou de l'adolescent, qui fait partie des facteurs endogènes (intérieurs) de la phobie solaire, s'ajoutent de nombreux facteurs exogènes (extérieurs) qui peuvent déclencher la phobie scolaire. Souvent, ces deux types de facteurs s'entremêlent.

La famille

Une relation très proche, voire fusionnelle, entre l'enfant concerné et l'un de ses parents depuis la plus jeune enfance peut être un facteur du tableau clinique. À l'approche de la séparation, l'enfant aurait des difficultés à quitter la figure d'attachement primaire. L'angoisse de séparation est souvent citée dans les cas de phobie scolaire. Cette relation parent-enfant fusionnelle

pourrait être renforcée par des événements familiaux tragiques (décès, accidents, maladies...).
Il se peut aussi que l'enfant tente de protéger un membre de sa famille. « Dans la famille de l'enfant, on retrouve assez souvent un parent qui présente un problème de santé ou de vie qui l'oblige à rester à domicile, par exemple le chômage ou une maladie. L'enfant est inquiet et développe une sorte de répulsion de l'école, préférant rester à la maison pour, en quelque sorte, surveiller son parent[15] », explique le pédopsychiatre Dr. Lachal. Quand le parent souffre lui-même d'une maladie psychique ou d'un trouble anxieux, ces angoisses peuvent être transmises inconsciemment à l'enfant et préparer ainsi le terrain, car l'enfant prend le comportement parental comme modèle pour les siens. Avoir un parent malade peut rapidement demander de trop grandes responsabilités à l'enfant. Celles-ci dépassent son rôle et peuvent provoquer le sentiment que le parent n'est plus capable de le protéger en cas de besoin. De cette ambivalence peut également naître la phobie scolaire : avoir des besoins en tant qu'enfant et devenir

« adulte » trop rapidement. Cette attitude peut paraître « négligente », même si le parent n'est pas forcément responsable de cette négligence. Pourtant, dans le tableau ci-dessus, il est noté que l'attitude parentale est avant tout « protectrice » dans le cas de la phobie scolaire. Mais dans ce cas précis, ce n'est pas forcément le type d'attitude parentale qui est en jeu. En fait, en voulant protéger son parent malade, l'enfant a du mal à le laisser seul. Il peut en résulter

15 http://www.santemagazine.fr/comment-gerer-la-phobie-scolaire-58935.html

une angoisse de séparation. Cela peut s'observer en cas de violences conjugales, quand l'enfant a peur de s'éloigner du foyer par crainte d'abandonner le parent maltraité ou en difficulté.

L'ambivalence s'observe également quand les parents ont une attitude surprotectrice. L'enfant éprouve en même temps le désir de s'éloigner pour devenir plus autonome et la culpabilité du fait de son désir d'abandonner son parent. Une dernière ambivalence peut venir de la suradaptation de l'enfant aux désirs des parents, qui peut ensuite se muer en agressivité pour se distancier.

La mère et le père

D'après de nombreuses études sur le rôle des parents dans la phobie scolaire de leur enfant, il y aurait souvent des interactions familiales problématiques. Et très souvent, on y décrit la mère comme étant anxieuse et hyperprotectrice, n'autorisant pas l'autonomisation de son enfant. « Elle incite en apparence l'adolescent à s'éloigner d'elle, "va à l'école", dit-elle, mais avec une signification en fait bien différente, perçue par lui "je ne supporterais pas que tu m'abandonnes[16]". » Le père jouerait un rôle subalterne. Il est décrit comme étant passif et absent et éviterait la confrontation aux questions éducatives de son enfant. Pourtant, il n'y a pas une constellation familiale type pour la phobie scolaire. Les caractéristiques auraient donc plus une valeur théorique que clinique. Aussi, il est très important pour le spécialiste de ne pas tenir un discours qui pourrait culpabiliser les parents, ce qui serait contreproductif dans la prise en charge de l'enfant. Les parents actuels ont souvent tendance à se culpabiliser eux-mêmes pour tout ce qui arrive à leur enfant. Ils ont, avant toutes choses, besoin d'être rassurés dans leur rôle de parent et soutenus dans leurs efforts pour aider leur enfant à aller mieux.

Les attentes des parents envers l'enfant

Quand l'investissement scolaire des parents est excessif et que le succès de l'enfant devient le leur par procuration, ils risquent de placer leurs attentes devant les compétences réelles de l'enfant, devant ses intérêts, ses talents et aussi devant ses propres désirs. L'enfant souffre fréquemment, dans ce cas, d'un emploi du temps surchargé qui ne lui laisse que peu de moments pour souffler. Il a peu de temps pour lui-même. Cette pression est d'autant plus forte lorsque pèse sur l'enfant le rôle d'assurer l'ascension sociale de la famille ou de maintenir la position sociale en cours.

Le stress qui en résulte et la peur de décevoir les parents peuvent avoir un impact négatif sur le vécu de la scolarité de l'enfant. Souvent, les enfants s'imaginent que les parents les aiment davantage quand ils sont performants et

qu'une mauvaise performance sera punie par le désamour parental. Cela crée un terrain favorable à des anxiétés en rapport avec le milieu scolaire, en particulier avec la situation d'examen. Aussi, il est très important de faire comprendre à l'enfant que même s'il a de mauvaises notes, ses parents l'aiment toujours. Ils ne seront probablement pas contents, mais cela ne remettra jamais en cause leur amour. L'enfant, pour se sentir rassuré, doit absolument comprendre que l'amour parental ne dépend pas de sa performance et qu'en cas d'échec, il est soutenu par ses parents. C'est ainsi qu'il

16 Lamotte, F. : *Pertes, renoncements et dimensions suicidaires dans les phobies scolaires à l'adolescence.* Mémoire, Faculté de médecine d'Angers, 2003-2004

© Ababsolutum/Istock

arrivera à mieux gérer non seulement les échecs scolaires, mais aussi les frustrations dans sa vie hors de l'école. Ainsi, l'enfant ne risquera pas d'augmenter son anxiété concernant ses capacités d'apprentissage.

L'implication des facteurs « compétition scolaire » et « stress autour de la performance et des attentes » pourrait expliquer par exemple pourquoi la phobie scolaire est plus susceptible de se développer aux périodes de passages critiques (de l'école maternelle à l'école primaire, de l'école primaire à l'école secondaire) et à l'adolescence, qui représente une période sensible du développement de la personnalité et durant laquelle le rapport à l'école peut être affecté.

À l'inverse, un manque d'investissement de la part des parents dans la scolarité de leur enfant peut contribuer à ce que l'enfant ou l'adolescent se sente encouragé à manquer les cours. Les parents acceptent son absentéisme scolaire et n'incitent pas leur enfant à retourner à l'école.

L'école

Si l'école n'est pas adaptée aux compétences réelles de l'enfant, parce qu'elle est par exemple trop élitiste ou, inversement, trop peu demandeuse, l'enfant peut enchaîner échec sur échec, perdant ainsi confiance en ses capacités. Il risque de faire l'objet de moqueries de la part des autres élèves. « Un élève qui a été victime de *bullying* a deux fois plus de chances que les autres élèves de se sentir en insécurité à l'école[17]. » Le harcèlement par les autres élèves débute souvent par des plaisanteries à propos de l'un de leurs camarades, lequel les prend dans un premier temps à la légère. Puis, les attaques se multiplient et la confiance en soi de l'élève baisse. Il est courant

Selon le docteur Isabelle Latinis-Heritier, pédopsychiatre et responsable du centre d'accueil thérapeutique à temps partiel (CATTP) de Bussy-Saint-Georges (Seine-et-Marne),

« en maternelle, il y a surtout des enjeux de séparation des parents, la peur de l'inconnu. En primaire, ce sont plutôt des troubles des fonctions instrumentales liés aux apprentissages de la lecture, de l'écriture, du calcul. Au collège et lycée, ce peut être des décompensations plus graves, plus longues à résoudre, comme des dépressions[19] ».

que l'élève n'arrive pas à gérer seul cette situation face à la démonstration de pouvoir de l'élève harceleur.

Le *bullying* direct se caractérise par des attaques verbales, des remarques dégradantes et des menaces. Dans certains cas, il y a des agressions violentes et sexuelles. Au cours d'un sondage auprès d'une centaine d'adhérents de l'association Phobie Scolaire, la présidente de l'association Viviane Chelli a constaté que « 80 % des enfants souffrant de phobie scolaire ont été victimes d'un harcèlement psychique ou d'une agression physique dans le cadre de l'école[18]».

Le *bullying* indirect est tout aussi dévastateur pour le psychisme de l'élève. Il consiste à répandre des rumeurs sur son compte, à l'isoler ou à le rejeter.

La personnalité des parents, comme celle du professeur, pourrait être un facteur favorisant la phobie scolaire. Si l'une des compétences les plus importantes d'un professeur est de savoir

17 Ferrari, P., Bonnot, O. : *Traité européen de psychiatrie et de psychopathologie de l'enfant et de l'adolescent.* Montrouge, 2012, p.445

18 http://sante.lefigaro.fr/actualite/2010/08/29/10386-phobie-scolaire-se-soigne

19 http://www.lemonde.fr/ecole-primaire-et-secondaire/article/2014/09/15/phobies-scolaires-comment-s-y-attaquer_4487726_1473688.html#f0iCgklfcArrXDQj.99

transmettre et de partager le contenu de la matière enseignée, il est tout aussi essentiel pour les élèves d'avoir un professeur qui maîtrise les compétences pédagogiques et éducatives. Si des remarques du professeur sont vécues par l'élève comme humiliantes ou dégradantes ou que sa sévérité pose problème, cela peut contribuer à instaurer un sentiment d'insécurité en classe.
Manquer des cours mène souvent à des difficultés pour suivre en classe. Cela peut également participer à la genèse de la phobie scolaire.
Aussi, le contexte scolaire avec ses variables, comme l'ambiance en classe et le rapport aux autres, peut avoir une influence sur le vécu de la scolarité de l'enfant et sur son investissement scolaire. Une petite classe, avec moins d'élèves, et donc la possibilité de nouer des relations personnelles avec le professeur, permettrait à l'élève de vivre plus positivement sa scolarité.

D'autres facteurs

Parmi les facteurs de la phobie scolaire, on compte également le trouble obsessionnel compulsif (TOC), qui ralentit l'enfant dans son travail et l'inhibe. Il faut aussi citer l'anxiété liée à la performance (l'enfant veut tellement bien faire qu'il a peur de ne pas y parvenir), les troubles de l'apprentissage, le trouble de l'attention et de la concentration et la dyslexie qui engendrent, pour l'enfant, des difficultés à suivre en classe.

Les facteurs déclencheurs

D'autres facteurs comme un changement d'établissement scolaire, un déménagement, une altercation avec un professeur, la maladie ou le décès d'un proche, ne sont pas la cause de la phobie scolaire, mais peuvent être interprétés comme des facteurs déclencheurs. Ils précèdent souvent l'éclosion du trouble de quelques semaines ou mois.
Les facteurs impliqués dans la phobie scolaire sont donc très divers. Ils ont toutefois un point commun : ils représentent une menace pour le sentiment de sécurité et la confiance en soi de l'enfant.

Facteurs associés à la phobie scolaire et à l'école buissonnière

(étude américaine[20] chez 1 422 enfants scolarisés en Caroline du Nord âgés de 9 à 16 ans)

	PHOBIE SCOLAIRE EN %	ÉCOLE BUISSONNIÈRE EN %
Autres diagnostics psychiatriques	24,5	25,4
Angoisse de séparation	10,8	0,3
Phobie simple	2,1	0,2
Phobie sociale	3,2	0,2
Trouble panique	0,3	0,2
Épisode dépressif	13,9	7,5
TDAH	1,3	0,5
Trouble au niveau du comportement social	5,0	14,8
Moqueries, humiliations à l'école	28,9	8,5
Conflits avec les pairs	27,0	16,2
Contrôle parental faible	12,4	31,5
Salaire des parents peu élevé	37,1	31,3

20 Egger, H.L., Costello, E.J., Angold, A.J. : *School refusal and psychiatric disorders : a community study*. Am Acad Child Adolesc Psychiatry. 2003 Jul;42(7):797-807

8. LES CONSÉQUENCES *de la phobie scolaire*

À long terme, les conséquences de la phobie scolaire peuvent devenir graves à la fois pour l'enfant ou l'adolescent et pour ses parents. Du côté de l'enfant, ce trouble peut entraîner la déscolarisation momentanée, voire la déscolarisation totale et avoir des répercussions importantes sur son avenir professionnel. La déscolarisation va souvent de pair avec une désocialisation et une marginalisation. L'enfant a tendance à se replier sur lui-même et à se retirer des activités lors desquelles il avait l'occasion de rencontrer d'autres personnes. Ce repli sur soi et sur la cellule familiale peut être renforcé par la prise de drogues ou une dépendance aux écrans multimédias. En se réfugiant dans le monde virtuel, l'enfant ou l'adolescent retrouve un monde éloigné du stress scolaire et des humiliations. Passer du temps avec un ami « virtuel », comme c'est le cas dans les jeux vidéo, masque les sentiments de solitude et d'isolement, mais au fond, cette activité ne fait qu'aggraver l'exclusion sociale. L'adolescent est seul dans sa chambre face à un écran et coupé du monde réel. D'autres conséquences lourdes existent : ce sont la dépression et les tentatives suicidaires.

Pour les parents, la situation peut engendrer l'arrêt de l'activité professionnelle, la dépression ou l'isolement social. Chez certains

L'école et la socialisation

Comme la famille, l'école est un lieu de socialisation pour l'enfant. Outre la transmission des valeurs et des règles qui régissent la vie en communauté, l'enfant y passe beaucoup de temps avec ses pairs. L'école est ainsi un complément de la famille.

Les conséquences de la phobie scolaire

En l'absence de prise en charge adaptée, la phobie scolaire risque d'évoluer vers :

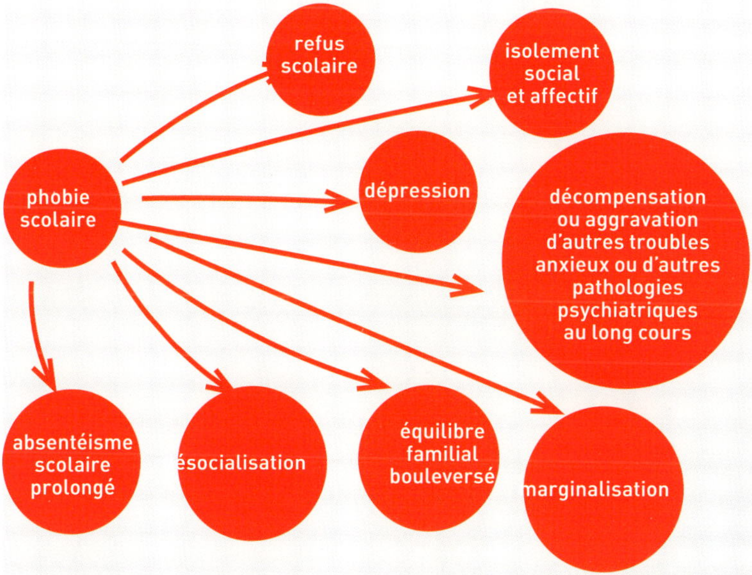

parents, un « burn-out parental » peut se déclarer. Cette « dépression » est liée à l'épuisement parental. Essayer sans cesse de convaincre, de raisonner, de motiver sans comprendre le comportement et la souffrance de son enfant, qui refuse tout à coup d'aller à l'école et dont la logique leur échappe, peut être déroutant pour les parents. Désespérés et débordés dans leur rôle de parent, ces derniers peuvent se trouver dans un grand désarroi quand les soucis avec l'enfant souffrant de phobie scolaire s'ajoutent à la fatigue du quotidien et au stress au travail. En conséquence, les parents sont moins disponibles pour l'enfant, pour le rassurer et l'écouter. La relation du couple peut également devenir très conflictuelle si les parents n'arrivent plus à se reposer l'un sur l'autre. Une prise en charge rapide de l'enfant est donc à envisager.
Souvent, on observe des consultations multidisciplinaires du type psychologue, psychomotricien, orthophoniste, orthoptiste...
Cela n'est pas mauvais en soi, car si un trouble de l'apprentissage est détecté par exemple, cela peut être bénéfique à la guérison.

9. LES THÉRAPIES

© ClarkandCompany/iStock

Beaucoup d'enfants ou d'adolescents présentent les symptômes de la phobie scolaire pendant plusieurs mois ou plusieurs semaines avant de consulter un spécialiste. Pour traiter le trouble de la phobie scolaire, il n'existe pas un seul parcours thérapeutique. Il s'agit en fait de choisir une thérapie en fonction du mécanisme de la phobie scolaire, de ses caractéristiques évolutives, de son ancienneté et des besoins spécifiques de l'enfant qui arrive avec sa propre histoire. Le plus souvent, on associe une psychothérapie individuelle à une psychothérapie familiale. Mais avant d'effectuer ce choix, une évaluation pluridisciplinaire du trouble, donc médicale et psychiatrique, est conseillée. On doit avant tout exclure l'hypothèse d'une maladie organique. L'évaluation individuelle, familiale et scolaire permettra ensuite d'obtenir des informations pour réaliser le diagnostic et reconnaître la réalité des symptômes ; cela afin de traiter au mieux les symptômes somatiques et psychiques.
Si l'enfant présente un refus mineur, le pédiatre ou le généraliste ont la possibilité de proposer un thérapeute (entretien/psychothérapie). Mais dans de nombreux cas, l'attitude ferme et rassurante du pédiatre peut conduire à la disparition des symptômes. Toutes problématiques plus graves, avec des troubles psychopathologiques associés et une situation de famille qui semble complexe, demandent le recours au pédopsychiatre. Faire le premier pas en

consultant un spécialiste aura déjà un impact positif sur le psychisme de toute la famille, car ainsi on ne se sent plus passif. On ne subit plus la situation. Faire des parents des alliés de la thérapie de leur enfant, par exemple en les informant des mesures thérapeutiques envisagées, sera bénéfique pour le traitement. Tout au long de la thérapie, il est important que les parents prennent des décisions claires en ce qui concerne la scolarité de leur enfant et qu'ils s'y tiennent, par exemple s'ils décident d'accepter que leur enfant fréquente une école dans l'hôpital où il est suivi. Bien sûr, d'un point de vue thérapeutique, le mieux est que ces décisions soient prises en accord avec l'enfant, afin de lui conférer le sentiment de garder le contrôle sur sa vie. Il est tout aussi important d'informer l'établissement scolaire des décisions qui ont été prises, ou mieux, de prendre les décisions avec eux, ou de les joindre à la réflexion pour en faire des atouts supplémentaires dans la guérison. D'ailleurs, l'enseignant de l'enfant devra être

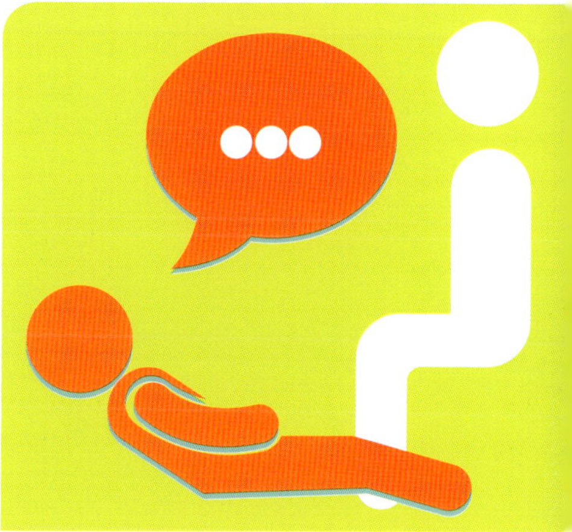

sensibilisé à la problématique de la phobie scolaire pour reconnaître les signes d'un retour du trouble.

Dans le but thérapeutique de faciliter le retour à l'école, certains médecins prescrivent, selon le cas, des benzodiazépines et des inhibiteurs sélectifs de la recapture de la sérotonine (ISRS) pour faire baisser le seuil d'anxiété chez le jeune patient. « Il est recommandé de prescrire de petites doses de benzodiazépines en début de traitement, le temps qu'un ISRS (inhibiteur sélectif de la recapture de la sérotonine) puisse être efficace[21]. » Les

21 http://www.stacommunications.com/journals/leclinicien/images/clinicienpdf/may01/garelschool.pdf études[22] concernant l'emploi et le succès des antidépresseurs tricycliques dans le traitement de la phobie scolaire sont assez contradictoires. L'académie américaine de psychiatrie de l'enfant et de l'adolescent conseille ainsi de considérer le traitement médicamenteux uniquement comme faisant partie d'un traitement global.

Retourner à l'école

Même si cela paraît sur le moment insurmontable et non envisageable pour l'enfant ou l'adolescent, l'objectif majeur de l'approche thérapeutique choisie sera le retour rapide à l'école, surtout en cas d'angoisse de séparation. Bien sûr, cela ne se fera pas du jour au lendemain. Il ne s'agit pas de forcer l'enfant ou l'adolescent à reprendre la scolarité. C'est seulement après une longue préparation et d'un commun accord entre le jeune patient et le spécialiste que le moment approprié sera choisi. Toutefois, plus on attend, plus on prend le risque que d'autres symptômes apparaissent, non seulement chez l'enfant concerné, mais aussi dans la famille. Parfois, des compromis peuvent aider l'enfant ou l'adolescent à envisager le retour à l'école, par exemple s'il est accompagné par une personne. « Il faut discuter du retour de l'enfant avec l'équipe de vie scolaire, les enseignants, les parents. Si un retour à temps plein n'est pas envisageable, on peut éventuellement décider d'un projet d'accueil individualisé pour une réintégration progressive », explique Brigitte Accart, secrétaire générale du syndicat d'infirmières scolaires SNIES.

Les pistes de traitement peuvent s'orienter vers[23] :

- une psychothérapie individuelle ou familiale
- une thérapie cognitivo-comportementale
- l'EMDR
- la prescription médicale d'antidépresseurs
- le retrait momentané de l'école, suivi d'un retour progressif et accompagné
- l'isolement de la famille (par l'hospitalisation ou autres solutions d'hébergement)
- une hospitalisation...

La déscolarisation

Selon la loi française, il est strictement interdit de déscolariser un enfant (articles L 131-1 à L 131-12 du code de l'éducation). Mais il existe des exceptions, comme la déscolarisation pour cause de maladie. Depuis deux ans, la phobie scolaire est reconnue comme maladie par l'Éducation nationale, ce qui rend la déscolarisation possible. Celle-ci ne signe pas nécessairement la fin de l'enseignement pour l'enfant qui peut opter, par exemple, pour l'enseignement à distance (C.N.E.D.). Toutefois, certains spécialistes jugent que la déscolarisation pourrait renforcer le mécanisme de l'évitement chez l'enfant, et plus l'absentéisme scolaire se prolongerait, moins bon serait le pronostic.

« Il ne faut pas non plus hésiter à être plus clément avec l'élève, qui aura peut-être accumulé des lacunes durant son absence, à le revaloriser pour qu'il reprenne confiance[24]. » Quand le *bullying* est un des facteurs de la phobie scolaire, il est nécessaire de régler ce problème en priorité.

Prise en charge ambulatoire ou hospitalisation

Quand le refus est récent et selon la gravité des symptômes, on peut tenter une prise en charge ambulatoire soit dans le secteur public, au sein d'un centre médico-psychologique, soit dans le privé, dans un cabinet de ville. Si après trois à six mois, le jeune patient ne parvient pas à retourner à l'école, qu'il présente des angoisses de séparation fortes et des idées suicidaires, l'hospitalisation s'impose. C'est dans ce cadre que le travail thérapeutique peut continuer tout en assurant la sécurité de l'enfant ou de l'adolescent. La prise en charge par un hôpital de jour est une

---

22 http://www.pedocs.de/volltexte/2010/945/pdf/Lehmkuhl_Flechtner_Lehmkuhl_Schulverweigerung_Klassifikation_2003_W_D_A.pdf
23 http://www.fapeo.be/wp-content/analyses/analyses%202009/la_phobie_scolaire.pdf
24 http://www.lemonde.fr/ecole-primaire-et-secondaire/article/2014/09/15/phobies-scolaires-comment-s-y-attaquer_4487726_1473688.html#jyf17agiO9hqjk89.99

alternative intéressante quand le refus est ancien ou en cas d'anxiété parentale majeure.
Certains hôpitaux disposent d'une école pour continuer la scolarité. « Le projet d'accueil est individualisé, signé par le jeune, ses parents, l'école, le psychiatre et l'équipe pédagogique. Il s'agit d'un enseignement individualisé en lien avec l'école d'origine, les aspects pédagogiques sont prévalents à la différence de l'hôpital de jour. Le but est bien sûr le retour normal à l'école en le préparant également aux évaluations.[25] »
L'école à l'hôpital permet donc de mettre en place des projets d'accueil individualisé (PAI) adaptés aux problématiques médicales de l'enfant. Elle crée ainsi les conditions optimales pour permettre une intégration et faciliter une réinsertion scolaire progressive. « Le PAI prévoit des aménagements pédagogiques (prise de médicaments, aménagements horaires pour faire des pauses...) durant le temps scolaire. Il définit l'emploi du temps de l'élève (temps de présence dans l'établissement, lieux de présence, cours suivis, temps thérapeutiques[26]). » Le protocole instauré par le PAI va de la journée à l'année et précise les aménagements selon lesquels la scolarité du jeune patient devrait se dérouler.

Les cinq phases d'une hospitalisation[27]

1ère phase

Les enfants ou les adolescents refusent souvent d'être hospitalisés. Pour faciliter ce choix, une prise en charge ambulatoire pendant quelque temps dans le même lieu permettra de préparer le jeune patient à ce grand pas, en s'habituant au lieu et en créant des liens avec le personnel traitant.

2e phase (six à huit semaines)

Pendant l'hospitalisation du jeune patient, le thérapeute va travailler avec lui sur la problématique familiale. Les entretiens intensifs avec les parents sont tout aussi importants que les mesures thérapeutiques destinées à travailler sur une baisse de la dépendance parentale de l'enfant, son autonomisation, sa manière de gérer ses angoisses et ses relations avec ses pairs. Les progrès vont avoir un effet sur l'état psychique du jeune patient dans son ensemble. Son image de soi ne sera plus aussi faible et les symptômes dépressifs seront moins présents. Des médicaments antidépresseurs peuvent être prescrits quand des symptômes dépressifs, un TOC ou certains troubles anxieux entravent le travail thérapeutique. La visite d'une école au sein de l'hôpital fait partie de cette deuxième phase. Ce type d'école propose de petites classes ou des cours particuliers. Ce n'est donc pas la situation scolaire que le jeune patient connaît habituellement ce qui permet une baisse de l'anxiété liée à cette situation.

3e phase

On propose un retour à l'école en ville. Cette visite se prépare et débute par une présence scolaire de quelques heures, accompagné par un membre de l'équipe traitante.

4e phase

Quand le jeune patient parvient à retourner de lui-même à l'école, sans l'apparition de symptômes psychiques et somatiques, l'hospitalisation peut prendre fin et le jeune patient est autorisé à rentrer à la maison. C'est une phase importante car l'équipe traitante doit transmettre son rôle aux parents. Il est donc nécessaire de poursuivre la prise en charge de la famille pour éviter une rechute.

5e phase

Un suivi ambulatoire du jeune patient est très recommandé. Les modalités et la durée de ce suivi sont à envisager au cas par cas. Si la scolarité semble instable et que la relation avec un des deux parents est encore trop intense, il peut être bénéfique pour l'enfant ou l'adolescent de continuer à voir l'équipe traitante une fois par semaine ou toutes les deux semaines.

25 http://www.tdahactu.com/tdahactu_n4/articles/article2.html

26 http://www.onisep.fr/Toute-l-actualite-nationale/Scolarite-et-handicap/Actus-2012/Octobre-2012/Amenagement-de-la-scolarite-PPS-ou-PAI

27 Remschmidt, H. : *Kinder- und Jugendpsychiatrie : Eine praktische Einführung*, Stuttgart, 2008, p.248

Les différentes possibilités d'intégration des élèves en difficulté

PAI

Le projet d'accueil individualisé permet d'assurer l'accueil des élèves qui souffrent de phobie scolaire ou de toute autre maladie évoluant sur une longue période. Il s'agit d'un document écrit, élaboré par le médecin de la structure d'accueil. Sont indiqués notamment[28] :

- les régimes alimentaires à appliquer,
- les aménagements d'horaires,
- les dispenses de certaines activités, incompatibles avec la santé de l'enfant,
- les activités de substitution proposées.

PPS

Le projet personnalisé de scolarisation comporte les besoins spécifiques du jeune patient et organise sa scolarité. Selon ses besoins, la scolarisation peut être individuelle ou collective, en milieu ordinaire ou en établissement médico-social. Le plus souvent, ce projet concerne les élèves ayant un handicap.

PPRE

Le programme personnalisé de réussite éducative est destiné aux élèves en difficulté scolaire. Il s'agit d'une aide spécifique et intense qui dure environ six à huit semaines. Ce programme, qui vise l'acquisition des compétences du socle commun (mathématiques, français...), nécessite « un engagement écrit entre l'élève, sa famille et l'équipe pédagogique et éducative. Il constitue de manière évidente une modalité de prévention de la grande difficulté scolaire, visant ainsi à empêcher un redoublement ou un décrochage ou de l'absentéisme[29]».

PAP

Le plan d'accompagnement personnalisé a été mis en place en 2015 pour les enfants pour qui le PAI ou le PPS n'est plus adapté. Ce plan s'adresse avant tout aux élèves du premier comme du second degré qui ont besoin d'aménagements et d'adaptations de nature pédagogique pour poursuivre leur scolarité. « Le plan d'accompagnement personnalisé répond aux besoins des élèves qui connaissent des difficultés scolaires durables ayant pour origine un ou plusieurs troubles des apprentissages[30] ». Le PAP peut être mis en place à la demande des professeurs, du conseil de classe, de l'élève majeur lui-même ou s'il est mineur, à la demande de ses parents à tout moment de la scolarité. À la suite du constat des troubles chez l'élève par le médecin de l'éducation nationale ou par le médecin traitant qui peut demander un bilan psychologique, le plan sera élaboré par l'équipe éducative en y associant les parents qui doivent donner leur accord. « Le plan d'accompagnement personnalisé est conçu comme un outil de suivi de l'élève. Une attention est donc portée à sa transmission à chaque changement d'établissement scolaire, particulièrement lors de la liaison école-collège ou collège-lycée. Le plan d'accompagnement personnalisé est mis en œuvre par le ou les enseignants de l'élève, avec l'appui des professionnels qui y concourent[31]. » Le PAP peut être réactualisé et enrichi chaque année, pendant la scolarité de l'élève en cas de besoin.

L'équipe éducative de l'établissement scolaire est à l'écoute des parents et des élèves concernés. Il s'agit notamment des enseignants, de la direction, du/de la psychologue scolaire, du médecin scolaire et de l'infirmière/infirmier scolaire.

---

28 http://vosdroits.service-public.fr/particuliers/F21392.xhtml
29 p://www.esen.education.fr/fr/ressources-par-typehtt/outils-pour-agir/le-film-annuel-des-personnels-de-direction/detail-d-une-fiche/?a=69&cHash=92ec37970c
30 http://www.education.gouv.fr/pid25535/bulletin_officiel.html?cid_bo=85550
31 http://www.education.gouv.fr/pid25535/bulletin_officiel.html?cid_bo=85550

10. LE CAS DE THOMAS, *11 ans*

© digitalskillet /Istock

Le récit d'une mère

Voilà, je suis une maman de 2 enfants (15 ans et 12 ans), enseignante dans le primaire, mariée à un enseignant du secondaire.

Un jour, après son entrée en 6e, mon fils de 12 ans (à l'époque 11) n'a plus pu se rendre au collège. Refus scolaire mais refus dans le sens où il ne peut plus y aller pas dans le sens où il ne veut plus y aller. Cela nous est tombé dessus presque du jour au lendemain. Un enfant qui va bien, plein d'entrain, de joie de vivre et puis un jour un enfant triste, plein d'angoisses. Alors on ne comprend pas, on essaie la fermeté, la colère, la menace. Puis on souffre de le voir souffrir, on ne sait pas comment l'aider. Cette souffrance est la sienne mais on la partage, elle devient la nôtre. Toute la famille est déstabilisée, on perd nos repères, tout s'organise autour de lui. Doucement, au fil des jours, au fil de l'incompréhension, des pleurs, de la colère, on comprend que c'est de notre soutien, de notre amour, de notre bienveillance qu'il a le plus besoin. Tout cela, mais aussi l'aide de

> « On se retrouve avec un pré-ado de 11 ans
> qui ne peut plus dormir seul, qui court après
> votre voiture le matin, qui s'accroche à vous en pleurs comme
> un enfant de 2 ans. »

personnes compétentes, psychologues et pédopsychiatres, pour l'aider à mettre des mots sur ce qu'il ressent, à faire le tri dans ses émotions. Parce que notre enfant est un grand hypersensible, on le découvre. Sous ses airs de « rigolo », il cachait de l'anxiété, une image très négative de lui-même. D'abord on a voulu comprendre, puis on a appris à avancer avec lui sans forcément pouvoir savoir qu'elle était l'origine de tout cela. On se retrouve avec un pré-ado de 11 ans qui ne peut plus dormir seul, qui court après votre voiture le matin, qui s'accroche à vous en pleurs comme un enfant de 2 ans. Il faut gérer tout cela, plus le grand frère qui a besoin de vous ainsi que votre travail et vos doutes sur ce qu'il faut faire pour l'aider. Le plus déstabilisant, c'est de ne pas avoir de solution, de devoir faire des choix sans être sûr de faire les bons. On décide alors de se faire confiance, de ne pas choisir le pédopsychiatre qui vous fait culpabiliser, vous la mère, mais celui qui l'écoute, lui, l'enfant et qui l'encourage dans toutes ses réussites. Il faut l'aider à gérer son anxiété, à voir toutes ses réussites même les plus minimes : « c'est super aujourd'hui, tu as réussi à aller acheter le pain seul pendant que j'étais dans la voiture ». Car c'est le genre de choses simples qu'il ne peut plus faire. Il faut aussi faire face au collège où il ne se rend que 4 heures par semaine, en cours particuliers, accompagné par son père, moi ou sa grand-mère, car seul il n'y arrive pas. Il faut garder son calme, son sourire, comprendre l'incompréhension des autres

> *« Pourquoi je ne suis pas comme les autres ? Est-ce que tu m'aimeras toujours même si je ne fais pas d'études ? J'ai peur de me suicider. »*

comme les enseignants qui vous disent qu'il faudrait vraiment qu'il revienne au collège, que c'est important pour lui... non sans blague, on savait pas avec son père... La patience est le maître-mot, accepter les petits progrès comme des signes que cela va aller mieux, qu'il va s'en sortir, ne jamais perdre espoir plus de quelques minutes. Aujourd'hui, il arrive de nouveau à partir chez ses copains, à sortir de la maison sans nous. Il essaie de se confronter au collège à dose homéopathique : se rendre devant la porte du cours de français pendant que ses camarades y assistent en ayant pour objectif de passer cette porte plus tard avec eux, comme tous les autres. Car c'est une vraie souffrance pour lui de ne pas y arriver. Il le dit : « Pourquoi je ne suis pas comme les autres ? Est-ce que tu m'aimeras toujours même si je ne fais pas d'études ? J'ai peur de me suicider. » Tout cela, il faut l'entendre et toujours rassurer. C'est un combat contre quelque chose d'invisible, qui fait souffrir votre enfant, qui touche toute la famille et pour laquelle personne n'apporte de solution immédiate. Rencontrer d'autres parents m'a beaucoup aidée, pour partager avec des personnes qui vivent la même chose, avec qui vous n'avez pas besoin d'explication. C'est important de ne pas rester isolé et de pouvoir en parler sans en avoir honte, sans avoir l'impression de devoir s'excuser. Garder de la force pour pouvoir aider son enfant. Je me suis toujours projetée dans le fait qu'il allait s'en sortir, que tout cela n'était pas une fatalité, et que même s'il fallait du temps, il verrait le bout de ce tunnel pour en sortir plus fort. Avoir cette démarche positive m'a semblé essentiel pour l'aider. Tout n'est pas encore terminé, mais il le dit, il a parcouru la moitié du tunnel, « je suis presque guéri », c'est ce qu'il a dit l'autre jour.

Le suivi de Thomas

Thomas est suivi depuis le début par une psychologue clinicienne (une fois par semaine au début et, depuis quelque temps, il n'y va qu'une fois tous les 15 jours environ). Elle a une démarche comportementaliste, mais elle lui fait faire aussi de la relaxation sous hypnose. Cela l'aide énormément dans la gestion de son anxiété et de ses crises d'angoisse. En plus de cela, il est suivi une fois par mois par une pédopsychiatre qui consulte dans un centre spécialisé dans la prise en charge des ados sur Marseille. C'est grâce à cette double prise en charge qu'il progresse ; seuls nous n'aurions pas réussi à l'aider. Au niveau du collège, ils ont mis en place le sapad (service d'aide pédagogique à domicile), qui lui permet d'avoir 4 heures de cours par semaine, avec des profs de son collège, voire des profs de sa classe. Normalement ce service a lieu au domicile, mais nous avons choisi de le faire au sein du collège pour que Thomas continue à se confronter à ce lieu. Cette année, il a eu un complément via le CNED mais cela n'est pas évident du tout de travailler en autonomie, seul, quand on a 11-12 ans. J'ajoute que nous

avons la chance d'avoir les grands-parents tout près qui prennent le relais pendant nos heures de travail à mon mari et à moi, cela évite de laisser Thomas seul, ce qui d'ailleurs n'aurait pas été possible.

11. ÉVOLUTION *de la phobie scolaire*

© ChamilleWhite /Istock

L'évolution de la phobie scolaire dépend de plusieurs facteurs :

- l'âge du patient au moment où le trouble apparaît
- la rapidité de la prise en charge
- la gravité du trouble
- la coopération des parents

Le pronostic est plus optimiste quand il s'agit d'un jeune enfant et quand celui-ci est pris en charge rapidement. Bien sûr, la qualité de la prise en charge joue également un rôle. Selon la gravité du trouble, les chances de succès de la thérapie se situeraient entre 30 % et 50 % des cas, tant sur le plan de la réinsertion scolaire que dans la vie extrascolaire.

Quand il s'agit d'une forme de phobie scolaire légère, qui peut être traitée par une prise en charge ambulatoire, il semble que le succès de la thérapie soit assez élevé, presque 100 %.

Le pronostic est également meilleur quand l'angoisse de

séparation n'est pas intense, que les comportements d'évitement sont faibles et que la mère ne présente pas de symptômes dépressifs.
En revanche, quand il s'agit d'une forme grave de phobie scolaire, que la phobie scolaire persiste et devient complexe, le pronostic devient moins favorable. La coopération des parents est très importante tout au long du processus thérapeutique de l'enfant et de l'adolescent.

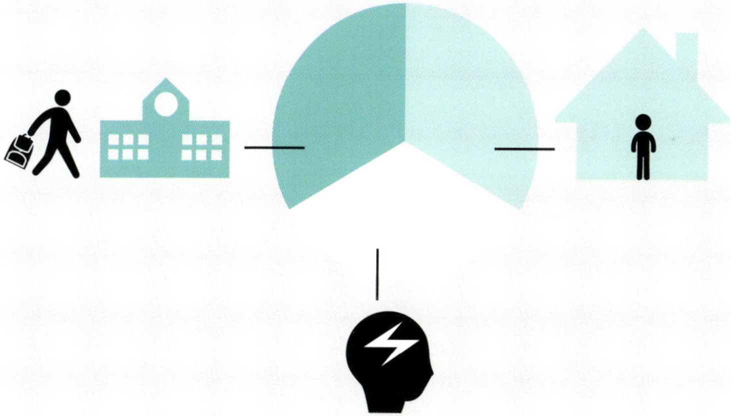

Les auteurs s'accordent sur le fait que le retour à l'école semble possible dans un tiers des cas, avec la poursuite de la scolarité jusqu'à la fin du cursus. Un tiers présenterait des difficultés à quitter la maison familiale et à s'intégrer socialement et professionnellement. Le dernier tiers se situerait dans le champ de la pathologie mentale[32].

32 http://www.ehd.be/index.php/prise-encharge-de-la-phobie-scolaire

CONCLUSION

Tout au long de sa vie et dès qu'il vient au monde, l'homme est censé apprendre pour acquérir les connaissances et le savoir nécessaires au développement de son psychisme, de son intellect, de son équilibre émotionnel, de sa vie relationnelle et professionnelle... Apprendre, c'est grandir intérieurement en fortifiant par exemple l'estime de soi. Le savoir rassure. Mais apprendre ne dépend pas uniquement de l'homme lui-même. Il est constamment en relation avec l'autre. En tant qu'enfant, il prend comme modèles ses parents et ses pairs. Puis, en grandissant, en rentrant à l'école, le corps enseignant va l'aider à poursuivre son apprentissage. Apprendre devrait faire plaisir. C'est une aventure quotidienne. Très vite, l'enfant comprend qu'apprendre apporte une certaine satisfaction. Pas seulement à lui-même car il se sent justement évoluer, mais aussi aux autres, en particulier aux parents et au corps enseignant. En réalisant cela, l'enfant peut ressentir le besoin de s'adapter à ces attentes. Et très fréquemment, l'enfant fait l'erreur de s'imaginer que les bons résultats vont lui assurer l'amour de l'autre. Ce malentendu est souvent à l'origine d'une énorme pression que l'enfant se met lui-même : être bon et performant pour être aimé, et par la suite, se conformer aux attentes de l'autre par peur de souffrir d'un désamour en cas de « désobéissance ». Il est alors indispensable pour les parents de faire comprendre à l'enfant qu'ils l'aiment même s'il échoue et que l'amour ne se mesure pas en bonnes notes. La confiance dans le fait que les parents sont présents même quand cela ne va pas constitue la base de notre sentiment de sécurité. « Je ne suis pas seul en l'absence de l'autre. »

Pour apprendre, l'homme a besoin de pouvoir penser. Et cette faculté est justement bloquée quand il a peur. Il s'agit donc de créer en tant qu'adulte les conditions nécessaires à l'enfant pour apprendre sans peur. L'enfant doit être capable de supporter les frustrations de la vie quotidienne, que ce soit à l'école ou à la maison. On ne devrait donc pas enfermer son enfant dans un cocon en le surprotégeant, pour lui éviter toute frustration sous prétexte que nous l'aimons. On élève un enfant avec beaucoup d'amour, mais aussi avec une confrontation à la frustration. Pour cela, il est bénéfique pour l'enfant que les parents l'autorisent à faire ses propres expériences tout en assurant sa sécurité. Il est essentiel aussi qu'ils s'interrogent sur leurs attentes vis-à-vis de leur enfant et sur le rêve professionnel qu'ils formulent à sa place. Leur rêve concorde-t-il avec celui de leur enfant et surtout, l'enfant a-t-il les compétences réelles que ses parents lui reconnaissent.

Lorsque les tâches deviennent trop difficiles, l'enfant doit avoir le sentiment de pouvoir signaler qu'on lui en demande trop, sans crainte de décevoir les parents ou le corps enseignant. Car face à une tâche qui paraît insurmontable, le plaisir de penser s'arrête facilement. La pensée se retire et fait place à la peur. Cette confiance en la personne qui l'aide dans son apprentissage est absolument nécessaire à l'enfant pour trouver l'équilibre entre ses besoins et les exigences sur lesquelles il n'a pas forcément de contrôle. Ensemble, il est possible de penser à des solutions pour aider l'enfant en difficulté tout en le motivant et de lui redonner confiance en ses propres capacités. Cela est d'autant plus nécessaire que de nombreux enfants doutent aujourd'hui facilement et rapidement d'eux-mêmes face au premier obstacle. Face à cela, il est important de donner la possibilité à son enfant, dès la petite enfance, de se débrouiller parfois seul lorsque, par exemple, on lui jette du sable dans les yeux au bac à

sable. L'enfant doit avoir l'opportunité de gérer seul des difficultés, tout en sachant que le parent est là en dernier recours.
Le planning journalier des enfants est souvent tellement rempli, du matin au soir, qu'ils n'ont pas même l'occasion de s'ennuyer. Il est essentiel de trouver des moments pour son enfant, lors desquels il peut simplement jouer avec l'autre ou ne rien faire, car c'est dans ces moments-là que l'imagination se développe, en créant de nouveaux jeux, ce qui est bénéfique pour son équilibre mental. L'enfant doit sentir que sa vie ne tourne pas uniquement autour de la performance. Tout comme, plus tard, la vie d'adulte ne devrait pas tourner uniquement autour de la profession. La performance n'est qu'une partie de notre existence. Elle ne devrait pas prendre toute la place.
Encourager son enfant, ne pas le punir et l'aider à relativiser en cas d'échec constituent de bonnes bases dans la construction d'une relation parent-enfant et/ou enfant-enseignant sécurisante et structurante.

Si votre enfant présente des symptômes de la phobie scolaire, prenez contact avec des structures proches de chez vous qui connaissent bien le problème, comme le suggère le site www.phobiescolaire.org :

- Centre médico-psychologique (CMP)
- Centre médico-psycho-pédagogique (CMPP)
- Maison des Adolescents
- Point Accueil Ecoute Jeunes (PAEJ)
- Autres ressources : PsyCom

Notes personnelles

Imprimé en UE par Gunyfal.
Dépôt légal, 3e trimestre 2015